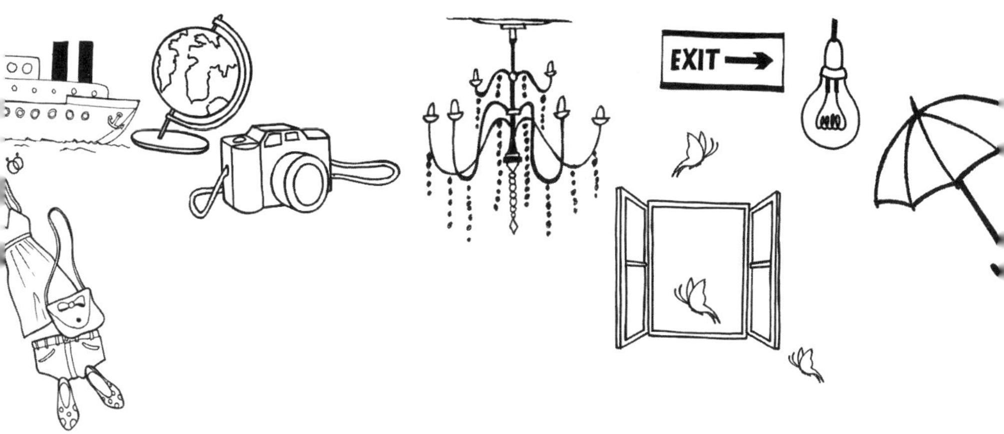

Ina Nefzer (Hg.)

Gedanken wie Schmetterlinge

Gedichte und Lyrics für Mädchen

Planet Girl

Herzenssachen

Ich hab Lust, mich zu verlieben

Jürgen Spohn *Hallo du da*	8
Peter-T. Schulz *Mein Kopf, der ist ein Zimmer*	9
Albert Ostermaier *anflug*	10
Karpatenhund *Zusammen verschwinden*	11

I love you

Heinrich Heine *Dass du mich liebst*	12
Frantz Wittkamp *Ausrufzeichen / Du bist ich / Einfälle / So wie du bist*	13
Lisa Hengefeld *Liebe*	14
Hermann Hesse *Liebeslied*	15
Erich Fried *Was es ist*	16
Sandra Britze *Du bist wie eine Macadamianuss*	17
Friederike Mayröcker	
Wie ich dich nenne wenn ich an dich denke und du nicht da bist	18
Peter-T. Schulz *Wunderbar*	20
Susan Riethig *Schlaflos*	21
Robert Gernhardt *Lieben heißt*	22
Erich Fried *Zum Beispiel*	23
Heinz Janisch *Was ich dir schenken möchte*	24
Frantz Wittkamp *Wenn wir heiraten*	25
Else Lasker-Schüler *Senna Hoy*	26
Sportfreunde Stiller *Ein Kompliment*	27

Beziehungsstatus: mittendrin

Zoran Drvenkar *mein herz in deiner brust*	28
Erich Fried *Dich*	29
Steffen Jacobs *Par Avion*	30
Vera Schindler-Wunderlich *Zurück zu uns, Bär*	32
Julietta Fix *Nichts macht froh*	33
Kristiane Allert-Wybranietz *Du und ich*	34
Mascha Kaléko *Ich schreib dir einen Liebesbrief*	35
Shel Silverstein *Sag mir*	36
Frantz Wittkamp *Das falsche Wort*	37

SOS – Liebeskummer

Peter-T. Schulz *Alleine am Meer*	38
Sonja Leyers *Ego-Trip*	39
Marie de Villier *Verlust*	40
Ingeborg Santor *… kein Kraut gewachsen*	41

Abschied – Aus und vorbei!

Ulla Hahn *Und mich*	42
Tobias Seitz *Alleine*	43
Jochen Till *Ich könnte*	44
Thorsten Libotte *Es war einmal*	45
Karla Vogt *Niemand ist so wie du*	46

Himmelhoch jauchzend, zu Tode betrübt

Lebenslust – Mich spüren

Peter-T. Schulz *Was ich will*	48
Cassandra Steen *Darum leben wir*	49
Konstantin Wecker *Liebes Leben*	50
Hermann Hesse *Blauer Schmetterling*	51
Joseph Freiherr von Eichendorff *Wünschelrute*	52
Frantz Wittkamp *Gestern war ich schlecht gelaunt*	53

Wie schwer das Leben – Unglücklichsein und wütend

Peter-T. Schulz *Ich, ein kleiner Fleck im großen Dreck*	54
Jürg Schubiger *Bin so*	55
Hermann Hesse *Im Nebel*	56
Rainer Maria Rilke *Der Panther*	57
Christine Nöstlinger *Berechtigte Forderung*	58
Julia Wohlers *weggemacht?*	59
Frantz Wittkamp *Ich kann euch nur noch hassen*	60
Kristiane Allert-Wybranietz *Vom Sterben*	61
Julia Jasper *Unsichtbar*	62

Ich und alles

Bin ich wer? Wer ich bin
Jürgen Spohn *Ich*	64
Rosenstolz *Ich bin mein Haus*	65
Ernst Jandl *my own song*	66
Mária Ács *Kinder*	67
Julietta *Fix Superstar*	68
Christian Brune *bewusst*	69
Tobias Seitz *Vielleicht*	70
Heinz Janisch *An manchen Tagen*	70
Frantz Wittkamp *Mein ganzer Kopf ist völlig leer*	71
Kristiane Allert-Wybranietz *Theorie und Praxis*	71

Was mir wichtig ist
Erich Kästner *Moral*	72
Frantz Wittkamp *Danke*	72
Johann Wolfgang von Goethe *Erinnerung*	73
Frantz Wittkamp *Nicht alles*	73
Kristiane Allert-Wybranietz *Ich habe solche Angst zu sterben*	74
Erich Fried *Angst und Zweifel*	75
Blumio *Hey Mr. Nazi*	76

Alle Tage – Alltagssachen
Frantz Wittkamp *Bunte Tage, graue Tage*	78
Peter-T. Schulz *Blöder Sonntag*	79
Ernst Jandl *taschen*	80
Hans & Monique Hagen *Einen Hund wünsch ich mir*	81
Irmela Brender *Schwer erkältet*	82
Irmela Brender *Schlummerlied*	84

Die anderen – geliebt und gehasst

Freundinnen und andere Freunde
Peter Behncke *Keine ist wie du*	86
Erich Fried *An eine Nervensäge*	86
Frantz Wittkamp *Am liebsten mag ich dich*	87
Irmela Brender *Geschenke*	88
Jutta Richter *Ohne dich*	89
Marie de Villier *MädelsTag*	90
Horst Bienek *Klatsch am Sonntagmorgen*	91

Krise
Jasper *Der HDL-Song*	92
Bernhard Lins *Ich will dich heut nicht sehen*	94
Kristiane Allert-Wybranietz *Scheinfreundschaft*	95
Tobias Seitz *He Freund!*	96

Family
Aza Fakhran *Mütter und Töchter*	98
Christine Nöstlinger *Meine Mutter*	99
Christine Nöstlinger *Sprachproblem*	100
Julietta Fix *Straßenkind*	101
Hans Adolf Halbey *Trotzdem*	102
Maren Fischer *A christmas carol*	104
Christine Nöstlinger *Kleines Glückwunschgedicht*	106

Gedichte für dein Leben   107
Nachwort von Ina Nefzer

Platz für eigene Gedichte   109

Quellenverzeichnis   124

*Zuallererst für Nashi + Lissy
für euch zwei*

Ina Nefzer studierte Germanistik, Kunstgeschichte und Klassische Archäologie. Nach ihrer Doktorarbeit über Helden in Kinderbüchern bekam sie ihren Traumjob angeboten. Von 2001 bis 2006 wurde sie Chefredakteurin der Fachzeitschrift ESELSOHR, 2006 bis 2008 der Kinderliteraturzeitschrift DER BUNTE HUND. Heute ist sie als freie Journalistin tätig, oft beraten und begleitet von ihren Töchtern, die inzwischen 12 und 15 Jahre alt sind.

Herzenssachen

- Ich hab Lust, mich zu verlieben

- I love you
- Beziehungsstatus: mittendrin

- SOS – Liebeskummer

- Abschied – Aus und vorbei!

Hallo du da

Hallo du da
bleib mal stehn
Hallo du da
lass mal sehn
Hallo du da
ach, gestatte
mir von deiner
Zuckerwatte
Du da
mit den Ringelsocken
deine schwarzen Augen
locken
Hallo du da
kleines Glück
schau doch
noch einmal zurück

Jürgen Spohn

Mein Kopf, der ist ein Zimmer

Lied von einer, die anders sein möchte

Ich möchte aufhörn
immer nur zu frieren
und doch zu tun,
als wär mir warm.

Wozu ich Lust hab, ist
bei etwas zu verlieren
und jemand
nähme grinsend meinen Arm.

Mein Kopf, der ist ein Zimmer,
in dem zwei Stühle stehn.
Auf einem davon sitze ich
und auf dem andern
ist niemand zu sehn …

Ich möchte aufhörn
meinen Kopf so hoch zu tragen,
dass andere
ihn nur von weitem sehn.

Wozu ich Lust hab, ist
zu hören, dass Freunde sagen,
mit mir, da
könnte man zum Teufel gehn!

Ich möchte aufhörn
alles ganz genau zu wissen,
wo ich doch nicht mal weiß,
wer wen im Leben beißt.

Wozu ich Lust hab, ist
mit einem zwischen Kissen
dreimal zu raten,
wie er hinten heißt.

Mein Kopf, der ist ein Zimmer,
in dem zwei Stühle stehn.
Auf einem davon sitze ich
und auf dem andern
ist niemand zu sehn …

Ich möchte aufhörn
dauernd nach etwas zu suchen,
das ich wohl doch nie find
(vielleicht,
weil es bei mir im Nacken sitzt).

Worauf ich Lust hab,
ist ein Pfannekuchen
und jemand,
der mir gegenübersitzt!

Mein Kopf, der ist ein Zimmer,
in dem zwei Stühle stehn.
Auf einem davon sitze ich
und auf dem andern
ist niemand zu sehn …

Peter-T. Schulz

anflug

ich wart auf dich & mag mein
herz mir auch im himmel stehn &
seine warteschleifen drehn bis
mir der sprit ausgeht & ich dir
in die arme stürz dass du aus
allen wolken fällst in denen ich
noch häng & warte dass ich bei
dir landen kann du ohne in die
luft zu gehen mich auf den boden
holst zu dir

Albert Ostermaier

Zusammen verschwinden

Diese Schuhe stehen dir gut und ich mag deine Augen.
Es kostete viel Mut, das kannst du gerne glauben,
dich hier anzusprechen, mir Vorwände auszudenken,
also willst du mit mir reden und willst du etwas trinken?
Ich mag wie du dein Glas hältst und was du mir erzählst.
Ich mag, wie du dich anziehst, mich in deinen Bann ziehst.
Ich mag die Art wie du denkst, die Zeit, die du mir schenkst
Ich möchte mehr für dich sein, möchte jemand für dich sein.
Laß uns zusammen verschwinden von hier
Und irgendetwas Geheimnisvolles tun.
Laß uns einfach sehen, was passiert
wenn wir zusammen von hier abhauen;
wir haben gewartet und geredet und jetzt ist es soweit,
laß uns zusammen verschwinden und laß uns sehen wie weit
wir kommen.

Ich will wissen, ob du es wirklich ehrlich mit mir meinst
oder ob du wirklich nur so ehrlich scheinst;
ich möchte dir vertrauen können ohne daß du weißt,
daß ich ein Messer bei mir trage in meinem Ärmel jederzeit.
Ich will, daß du mich verlässt, bevor du mich verletzt
und daß du mich vermißt bevor du mich vergißt.
Wenn das für dich so in Ordnung ist, gebe ich dir mein Wort hiermit,
daß ich mehr für dich bin, alles für dich bin.
Laß uns zusammen verschwinden von hier
Und irgendetwas Geheimnisvolles tun.
Laß uns einfach sehen, was passiert
wenn wir zusammen von hier abhauen;
wir haben gewartet und geredet und jetzt ist es soweit,
laß uns zusammen verschwinden und laß uns sehen wie weit
wir kommen.

Karpatenhund

Dass du mich liebst

Dass du mich liebst, das wusst ich,
ich hatt es längst entdeckt;
doch als du mir's gestanden,
hat es mich tief erschreckt.

Ich stieg wohl auf die Berge
und jubelte und sang:
Ich ging ans Meer und weinte
beim Sonnenuntergang.

Mein Herz ist wie die Sonne
so flammend anzusehn,
und in ein Meer von Liebe
versinkt es groß und schön.

Heinrich Heine

Ausrufzeichen

Ausrufzeichen. Herz daneben. Dich vergess ich nie im Leben.

Frantz Wittkamp

Du bist ich

Du bist ich,
und ich bin du.
Gestern, heute,
immerzu.
Ich bin du,
und du bist ich.
Immerzu.
Ich liebe dich.

Frantz Wittkamp

Einfälle

Einfälle
ohne Zahl,
nur um
mich abzulenken,
um nicht
Millionen Mal
deinen Namen
zu denken.

Frantz Wittkamp

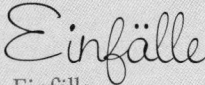

So wie du bist

So wie du bist, so musst du bleiben.
Der langen Rede kurzer Sinn:
Du bist, das wollte ich dir schreiben,
der Grund, warum ich glücklich bin.

Frantz Wittkamp

Liebe

Liebe
süßsalzige Versuchung
wilder Traum
verflixtes Chaos
blind
verrückt
frei
so fühle ich so schmecke ich
so rieche ich wenn ich dich liebe.

Lisa Hengefeld

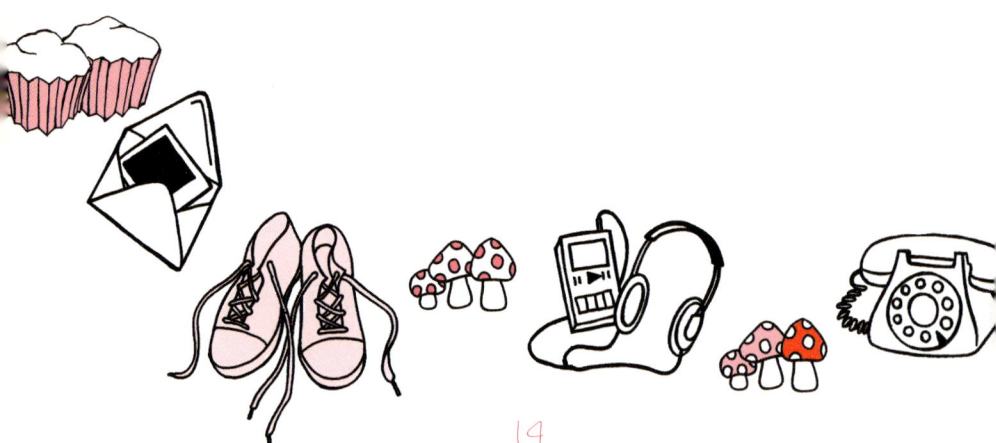

Liebeslied

Wo mag meine Heimat sein?
Meine Heimat ist klein,
Geht von Ort zu Ort,
Nimmt mein Herz mit sich fort,
Gibt mir Weh, gibt mir Ruh;
Meine Heimat bist du.

Hermann Hesse

Was es ist

Es ist Unsinn
sagt die Vernunft
Es ist was es ist
sagt die Liebe

Es ist Unglück
sagt die Berechnung
Es ist nichts als Schmerz
sagt die Angst
Es ist aussichtslos
sagt die Einsicht
Es ist was es ist
sagt die Liebe

Es ist lächerlich
sagt der Stolz
Es ist leichtsinnig
sagt die Vorsicht
Es ist unmöglich
sagt die Erfahrung
Es ist was es ist
sagt die Liebe

Erich Fried

Du bist wie eine Macadamianuss

Du bist wie eine Macadamianuss.
Nach außen hart und unnahbar, aber mit einer
glatten Oberfläche, makellos und perfekt.
Das Innere ist weich und verführerisch
– wie Wolken im Mund –
dabei so kräftig und doch zerbrechlich.
Im Groben und Ganzen eine wahr gewordene
Phantasie.

Sandra Britze
(Gewinnerin des Schreibwettbewerbs
SMS-Liebesgedicht von Planet Girl)

I love you

Wie ich dich nenne wenn ich an dich denke und du nicht da bist:

meine Walderdbeere
meine Zuckerechse
meine Trosttüte
mein Seidenspinner
mein Sorgenschreck
meine Aurelia
meine Schotterblume
mein Schlummerkind
meine Morgenhand
mein Vielvergesser
mein Fensterkreuz
mein Mondverstecker
mein Silberstab
mein Abendschein
mein Sonnenfaden
mein Rüsselhase
mein Hirschenkopf
meine Hasenpfote
mein Treppenfrosch
mein Lichterkranz

mein Frühlingsdieb
mein Zittergaul
meine Silberschnecke
mein Tintenfaß
mein Besenfuchs
mein Bäumefäller
mein Sturmausreißer
mein Bärenheger
mein Zähnezeiger
mein Pferdeohr
mein Praterbaum
mein Ringelhorn
meine Affentasche
meine Winterwende
meine Artischocke
meine Mitternacht
mein Rückwärtszähler

(da capo!)

Friederike Mayröcker

Wunderbar

Lied von einer, die zum ersten Mal sieht, wie alles ist

Ich gucke aus dem Fenster –
draußen ist noch da.
Ich summe eine Melodie
und fühle mich wunderbar.

Zum ersten Mal sehe ich,
wie alles ist.
Wie gut,
dass du doch noch gekommen bist!

Ich gucke aus dem Fenster –
draußen ist noch da.
Ich summe eine Melodie
und fühle mich wunderbar.

Peter-T. Schulz

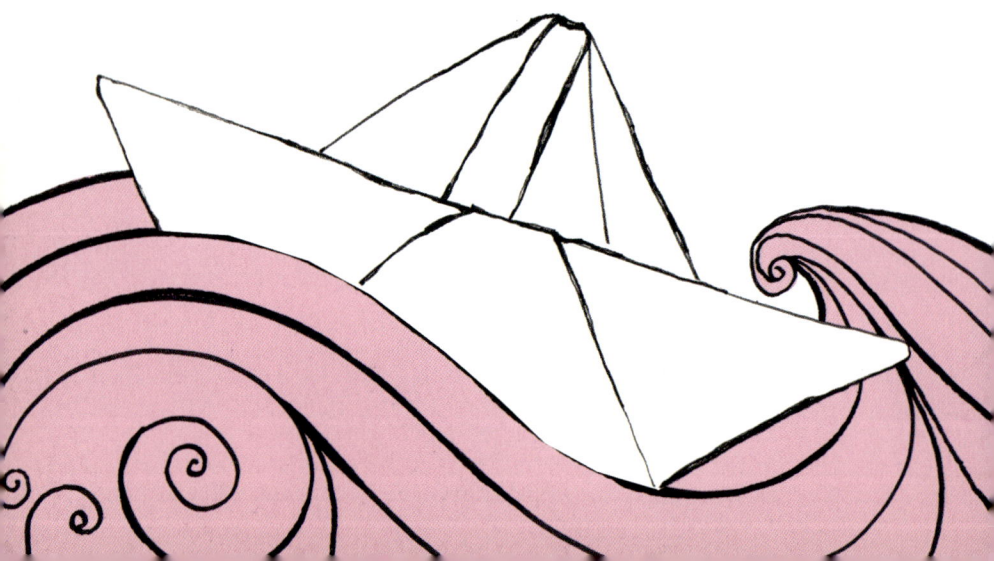

Schlaflos

Liebestolle Schmetterlinge
Kann nicht schlafen – Augenringe
Erzähl'n von Liebe, Mond und Träumen
Unaufhaltsam – nichts versäumen
Was im Leben zählt und mir doch noch fehlt.

Susan Riethig

Lieben heißt
das
Rechnen verlernen:

Eins plus Eins gleich Eins
Eins minus Eins gleich Zwei
Eins mal Eins gleich Unendlich

Robert Gernhardt

$$y = x_1 \cdot x_2 \cdot \ldots \cdot x_n$$

Zum Beispiel

Manches
kann lächerlich sein
zum Beispiel
mein Telefon
zu küssen wenn ich
deine Stimme
in ihm gehört habe

Noch lächerlicher
und trauriger
wäre es
mein Telefon
nicht zu küssen
wenn ich nicht dich
küssen kann

Erich Fried

Was ich dir schenken möchte

Einen Luftsprung
Einen Windstoß, der dir durchs Haar fährt
Einen Stein, der schläft
Eine Brücke über den Fluss
Einen Sonnenstrahl, der durch dich hindurchstrahlt
Einen Leuchtturm, den du immer sehen kannst
Einen Leibwächter, der nur für dich da ist
Ein Bett, in dem sich gut träumen lässt
Ein Blatt Papier, das sich deine Geschichten merkt
Das Rauschen des Meeres

Dieses Buch, das nur dir gehört und in dem ich mich zwischen den Zeilen versteckt habe

Heinz Janisch

Wenn wir heiraten

Wenn wir heiraten,
dann in zwei Raten.
Zuerst ich dich.
Und dann du mich.

Frantz Wittkamp

Senna Hoy

Wenn du sprichst,
Wacht mein buntes Herz auf.

Alle Vögel üben sich
Auf deinen Lippen.

Immerblau streut deine Stimme
Über den Weg;

Wo du erzählst, wird Himmel.

Deine Worte sind aus Lied geformt,
Ich traure, wenn du schweigst.

Singen hängt überall an dir –
Wie du wohl träumen magst?

Else Lasker-Schüler

Ein Kompliment

Wenn man so will, bist du das Ziel einer langen Reise,
die Perfektion der besten Art und Weise –
in stillen Momenten leise.
Die Schaumkrone der Woge der Begeisterung,
bergauf mein Antrieb und Schwung.

Ich wollte dir nur mal eben sagen, dass du das Größte für mich bist.
Und sichergehen, ob du denn dasselbe für mich fühlst,
für mich fühlst?

Wenn man so will, bist du meine Chill-out-Area,
meine Feiertage in jedem Jahr,
meine Süßwarenabteilung im Supermarkt.
Die Lösung, wenn mal was hakt,
so wertvoll, dass man es sich gerne aufspart,
und so schön, dass man nie darauf verzichten mag.

Ich wollte dir nur mal eben sagen, dass du das Größte für mich bist.
Und sichergehen, ob du denn dasselbe für mich fühlst,
für mich fühlst?

Sportfreunde Stiller

mein herz in deiner brust

& wenn du dich klein
& nichtig fühlst

wenn du denkst
alles, was du denkst
wurde schon gedacht

kein talent
kein humor
kein funken hoffnung
in dir

& draußen regen
& draußen sturm

dann leg die hand
auf deine brust
& spür mein herz
wie es dort
für dich schlägt

Zoran Drvenkar

Dich

Dich
dich sein lassen
ganz dich

Sehen
dass du nur du bist
wenn du alles bist
was du bist
das Zarte
und das Wilde
das was sich losreißen
und das was sich anschmiegen will

Wer nur die Hälfte liebt
der liebt dich nicht halb
sondern gar nicht
der will dich zurechtschneiden
amputieren
verstümmeln

Dich dich sein lassen
ob das schwer oder leicht ist?
Es kommt nicht darauf an mit wieviel
Vorbedacht und Verstand
sondern mit wieviel Liebe
und mit wieviel
offener Sehnsucht nach allem –
nach allem
was *du* ist

Nach der Wärme
und nach der Kälte
nach der Güte
und nach dem Starrsinn
nach deinem Willen
und Unwillen
nach jeder deiner Gebärden
nach deiner Ungebärdigkeit
Unstetigkeit
Stetigkeit

Dann
ist dieses
dich dich sein lassen
vielleicht
gar nicht so schwer

Erich Fried

Par Avion

Salut, mon cher,
isch lieb disch sähr,
's war gestern viel,
's ist heut schon mähr,
bald wächst mon Lieb
groß wie un Bär!

Ton Sprach c'est schwär,
isch wünscht', isch wär
un petit peu
weltläufigér,
doch leider c'est
mon Wortschatz läär!

Ton Sprach c'est grob
ton Sprach c'est kalt,
nischt schreibe mir,
chéri, komm bald,
du deutsche Bär,
eh isch werd alt!

Komm 'er mit Büs,
komm 'er sou Füß,
gleisch sei bei mir,
gib Küss um Küss,
doch béeil disch,
sonst isch mach Schlüss!

Dann isch geh fort,
non, du bleibst dort
in diese unaus-
spräschlisch blöde Ort,
und isch bleib 'ier.
Na, bleib doch fort!

Non non, mach schnell,
mon Charles Martell,
sei nischt so schräg-
lisch provinciell,
leg ab die deut-
sche Bärenféll!

Komm flügs wie Kü-
gel von Gewähr,
mit Lüftpost flieg
dursch die Verkähr,
sonst liebt misch rasch
un anderér!

Für 'eut genug
von Poesie.
Jetzt isch 'oeur auf
Und geh Pipi.
Baiser, baiser,
mon cher, salut!

Steffen Jacobs

Beziehungsstatus: mittendrin

Zurück zu uns, Bär

*Du Bär, du sehr Bär, du aller
Kuchentierchen, liebste Schnauze
weich und danke Trost
in bösen Tagen; an meine Wange,
barer Bär. Du Backbär! Schachtel
voll, du ganzer Korb davon!
Da gärt, da gärt dir was und du
reisst ab die Zäune, Wangen, schäumt
was, irgendwas im Immerschon
reisst ein im Dämmerfell.
Du wieder Widerbär, du wer
Bär, kein Schmatz und alter
Tatz; zurück zu uns, zu sehr
Bär, du liebe Güte, rück zu Schoko
Puppe Fütter Park zu diesen
Gören: Da stehst du wieder
auf und keuchst und reisst dir
ein paar Möhren.*

Vera Schindler-Wunderlich

NICHTS MACHT FROH ++

Blödsinn –
ALLES WAS DU VON MIR ZU WISSEN GLAUBST,
Blödsinn.
Ganz anders ist es
Zu spät, es zu erklären

Glaub den Blödsinn.

Er passt in eine Tüte Gummibärchen:
VIELE FARBEN - IMMER DER GLEICHE BÄR

Julietta Fix

DU & ICH

Ich für mich.
Du für dich.

Für das WIR müssen
beide
etwas tun.

Einer allein
kann ein WIR
nicht
zusammenhalten.

Kristiane Allert-Wybranietz

Ich schreib dir einen Liebesbrief

Du gefällst mir so gut,
Doch ich hab nicht den Mut,
Dir das leiseste Wörtchen zu sagen.
Ich werd schüchtern und rot
Und ich stottre mich tot,
Darum muß ich's per Post einmal wagen:

Ich schreib dir einen Liebesbrief seit heute früh um acht,
Ich hab die ganze Nacht
An nichts als dich gedacht.
Ich schrieb dir gern drei Worte nur:
»Ich liebe dich«– kurz und schlicht,
Doch leider, leider, traue ich mich nicht!
Drum schreib ich dir von Dingen und von Leuten,
Die mir im Grunde keinen Deut bedeuten.
Was immer auch geschrieben steht auf diesem Stück Papier –
Es heißt nur eins: Ich sehne mich nach dir!

Ich war häßlich zu dir,
Du warst gräßlich zu mir,
Doch da hilft nun kein Jammern und Stöhnen,
Überall gibt's mal Krach,
Doch der Klügere gibt nach,
Und wir wollen uns doch wieder versöhnen:

Ich schreib dir einen Liebesbrief seit heute früh um acht,
Ich hab die ganze Nacht
An nichts als dich gedacht.
Ich schrieb dir gern drei Worte nur:
»Ich liebe dich« – kurz und schlicht,
Doch leider, leider, traue ich mich nicht!
Drum schreib ich dir von Dingen und von Leuten,
Die mir im Grunde keinen Deut bedeuten.
Was immer auch geschrieben steht auf diesem Stück Papier –
Es heißt nur eins: Ich sehne mich nach dir!

Mascha Kaléko

Sag mir

Sag mir, ich bin schlau,
Sag mir, ich bin nett,
Eine Klassefrau
Und kein bisschen fett.
Sag mir, du liebst mich seit langem schon
Mit allem Drum und Dran,
Nenn mich die wandelnde Perfektion,
Aber lüg mich bloß nicht an.

Shel Silverstein

DAS FALSCHE WORT

Das falsche Wort
am falschen Ort
zur falschen Zeit
gibt richtig Streit.

Frantz Wittkamp

Alleine am Meer

Kleines Lied von einer alten Liebe

Du weißt,
ich war heute alleine am Meer.

Es war wie immer voll Wasser,
der Himmel war wie immer voll Wolken
und der Strand
war wie immer voll Sand.

Nur ich
war ziemlich leer.

In einem zugigen Strandcafé
schlürfte ich lustlos einen heißen Tee
und schrieb in meiner Not
mit Sirup
deinen Namen auf mein Brot.

Als ich damit fertig war,
habe ich ihn leise gelesen.

Da ist es wie immer gewesen.

Peter-T. Schulz

Ego-Trip

Du gehst
von mir.
Wer bleibt
bei dir?
Wer drückt,
wer küßt,
wer liebt
dich?
Ich tu'
es nicht
und tat
es kaum,
doch
*fehlt
mir dein
»Ich lieb' dich«.*

Sonja Leyers

Verlust

Der Regen, der über mein Gesicht läuft
fühlt sich fast so an,
wie die Tränen, die ich vergoss,
bis er kam.

Die Sonne, über mir am blauen Himmel,
lacht fast so schön,
wie er,
wenn er mich anschaut.

Der kühle Wind, der durch mein Haar
streicht,
macht mich fast so frei,
wie ein Kuss
von seinen Lippen.

Der Duft von frischem Gras im Sommer
erinnert mich an ihn,
fast so,
als ob er gerade
da gewesen wäre.

Das ganze Jahr über,
spüre ich, dass er da ist,
fast so,
als ob er nie weggewesen wäre.

Marie de Villier

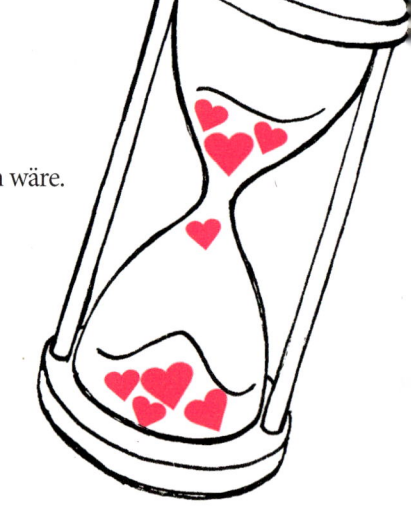

... kein Kraut gewachsen

Angeschaut

von einem, der

mir gestohlen bleiben sollte

mit seinem blauen Blick

zerschlägt mir

mein Herzschlag den Kopf

die Gedanken, macht

wundersüchtige Wünsche draus

Qualen – kein Kraut noch

dagegen gewachsen.

Ingeborg Santor

SOS – Liebeskummer

Und mich

Wenn du willst
nehme ich alles
zurück meine Tränen
fließen mir in die Augen
mein Lachen flieht
hinter meine Lippen
scheuen vor deinen
zurück hast du
alles genommen
was will ich
mehr als alles
zurück.

Alle hastigen Züge zu dir
fahre ich zurück durch
die platten Wiesen kaum
Mai. Jede Ankunft
bei dir ein Abschied mehr.
Jedes Wort schlag ich mir
in die Kehle
zurück
nehm ich alles
was du nicht willst
und mich.

Ulla Hahn

Alleine

Wieder alleine …
Zitternde Beine …
Motorsägenbauch …
Augen voller Rauch …
Weine Herz, weine …
Du bist wieder alleine …

Tobias Seitz

Ich könnte

Ich könnte:
weniger atmen, weniger fühlen,
nicht an dich denken, nicht darin wühlen,
alles vergessen, so wie es war,
lügen und sagen, alles ist klar.

Ich sollte:
nicht um dich weinen, nicht um dich trauern,
dich nicht vermissen, mich nicht bedauern,
glücklich und froh sein, bin es doch nicht,
werd es nie mehr sein, nicht ohne dich.

Ich werde:
gar nicht mehr atmen, immer noch fühlen,
stets an dich denken, stets darin wühlen,
gar nichts vergessen, so wie es war,
lügen und sagen, alles ist klar.

Jochen Till

Es war einmal

Ich war gut.
Ich war verdammt gut.
Ich war mutig.
Ich war kreativ.
Ich war witzig.
Ich war selbstbewusst.
Ich war hin und weg.
Ich war verliebt.

ICH WAR EIN IDIOT.

Thorsten Libotte

Niemand ist so wie du

Niemand ist so wie du.
Als du das Universum verließt, zersprang ich
in Millionen Stückchen.
Sie flogen davon, suchten dich, weinten und
verlangten nach deinem Körper,
deiner Wärme, deinem Geruch, deiner Liebe.
Sie fanden dich nie.

Karla Vogt

Himmelhoch jauchzend, zu Tode betrübt

 Lebenslust — Mich spüren

 Wie schwer das Leben — Unglücklichsein und wütend

Was ich will

Scheiß machen,
Bank überfallen,
Geld haben,
Leute verarschen,
rumklüngeln,
Männer abblitzen lassen,
Roulette spielen,
an der See sein,
Kaffee trinken,
Zeitung lesen,
einkaufen,
keine Probleme.

Außer mit der Sonnencreme.

Peter-T. Schulz

Darum leben wir

Wenn es dunkel wird, sagst du zu mir
Das darf nie zu Ende sein
Und wenn es hell wird, sag ich zu dir
Geh nicht, lass mich nicht allein
Denn wir sind doch eins

Nichts geschieht ein zweites Mal
Das kann nicht sein
Alles ist nur einmal da
Auch wenn es nicht so scheint
Und ich sag zu dem Moment:
geh nicht vorbei
Bleib noch
Du bist viel zu schön

Und darum leben wir
Wir leben um da zu sein
Leben um wahr zu sein
Und darum leben wir
Und wir nehmen alles mit
Jeden Schmerz und alles Glück
Der Welt

In jeder Nacht bricht der erste Tag
Vom Rest unsres Lebens an
Und jeden Morgen springen wir
Direkt auf die Umlaufbahn

Wenn nicht heute jetzt und hier
Wann und wo denn dann
Keiner kann die Zukunft sehen
Kennt den großen Plan
Und ich sag zu dem Moment:
geh nicht vorbei
Bleib noch
Du bist viel zu schön

Und darum leben wir
Wir leben um da zu sein
Leben um wahr zu sein
Und darum leben wir
Und wir nehmen alles mit
Jeden Schmerz und alles Glück
Der Welt

Auch du hast es gesehen genau wie ich
Den Schmetterling im Schnee
den Tunnel voller Licht
Du hast so wie ich
das Tal durchwandert
Und es gab keinen Weg zurück

Und darum leben wir
Wir leben um da zu sein
Leben um wahr zu sein
Und darum leben wir
Und wir nehmen alles mit
Jeden Schmerz und alles Glück
Der Welt

Cassandra Steen

Liebes Leben

Liebes Leben, fang mich ein,
halt mich an die Erde.
Kann doch, was ich bin, nur sein,
wenn ich es auch werde.

Gib mir Tränen, gib mir Mut,
und von allem mehr.
Mach mich böse, mach mich gut,
nur nie ungefähr.

Liebes Leben, abgemacht?
Darfst mir nicht verfliegen.
Hab noch so viel Mitternacht
sprachlos vor mir liegen.

Konstantin Wecker

Blauer Schmetterling

Flügelt ein kleiner blauer
Falter vom Wind geweht,
Ein perlmutterner Schauer,
Glitzert, flimmert, vergeht.
So mit Augenblicksblinken,
So im Vorüberwehn
Sah ich das Glück mir winken,
Glitzern, flimmern, vergehn.

Hermann Hesse

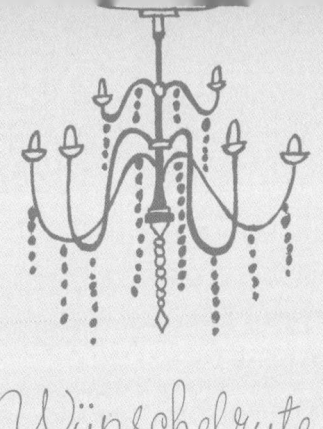

Wünschelrute

Schläft ein Lied in allen Dingen,
die da träumen fort und fort,
und die Welt hebt an zu singen,
triffst du nur das Zauberwort.

Joseph Freiherr von Eichendorff

Gestern war ich schlecht gelaunt

GESTERN WAR ICH SCHLECHT GELAUNT,
UND ALLES GING DANEBEN.
HEUTE BIN ICH GANZ ERSTAUNT,
WIE SCHÖN ES IST ZU LEBEN.

Frantz Wittkamp

Ich, ein kleiner Fleck im großen Dreck

Blues, von einer die down ist

Ich gehöre in kein Haus,
ich bin aus.
Ich habe keine Freunde,
und Freunde haben mich nicht.
Ich habe mich selber nie gehabt,
und ich habe mich selber nie gekannt:

Ich,
ein Korn im Sand …

Ich habe keine Vergangenheit,
und ich habe keine Zukunft.
Ich habe keine Gegenwart,
und die Gegenwart hat mich nicht.
Ich bin da
und ich bin weg.

Ich,
ein kleiner Fleck
im großen Dreck …

Peter-T. Schulz

Bin so

Ich bin so
so traurig,
dass mir der Kopf
fast vom Hals fällt,
dass das Dach
vom Haus fällt,
dass das Haus fällt.

Habe Füße wie
wie in viel zu großen Schuhn,
Hände wie
wie in viel zu großen Handschuhn.

Versteh nicht, was da
was gelacht wird ringsherum.
Ich bin so
wie ein Hund,
so traurig
wie ein Huhn,
ein gelbes Suppenhuhn,
ein altes Weißbrot,
ein Kuchen, der nicht aufgeht,
nie mehr auf.

Ich bin so
so traurig,
dass die Tränen nur so
an mir herunterlaufen,
immer nur so herunter,
dass das Hemd nass, die Hose nass,
das Haus nass.

Denn das hört
denn das hört nie mehr auf,
dass der Kopf mir fast vom Hals,
dass das Dach fällt,
dass das Haus.

Jürg Schubiger

Im Nebel

Seltsam, im Nebel zu wandern!
Einsam ist jeder Busch und Stein,
Kein Baum sieht den andern,
Jeder ist allein.

Voll von Freunden war mir die Welt,
Als noch mein Leben licht war;
Nun, da der Nebel fällt,
Ist keiner mehr sichtbar.

Wahrlich, keiner ist weise,
Der nicht das Dunkel kennt,
Das unentrinnbar und leise
Von allen ihn trennt.

Seltsam, im Nebel zu wandern!
Leben ist Einsamsein.
Kein Mensch kennt den andern,
Jeder ist allein.

Hermann Hesse

Der Panther

Im Jardin des Plantes, Paris

Sein Blick ist vom Vorübergehn der Stäbe
so müd geworden, dass er nichts mehr hält.
Ihm ist, als ob es tausend Stäbe gäbe
und hinter tausend Stäben keine Welt.

Der weiche Gang geschmeidig starker Schritte,
der sich im allerkleinsten Kreise dreht,
ist wie ein Tanz von Kraft um eine Mitte,
in der betäubt ein großer Wille steht.

Nur manchmal schiebt der Vorhang der Pupille
sich lautlos auf –. Dann geht ein Bild hinein,
geht durch der Glieder angespannte Stille –
und hört im Herzen auf zu sein.

Rainer Maria Rilke

Berechtigte Forderung

Möcht allein sein, möcht mich verkriechen,
möcht heut keinen sehen,
möcht heut keinen riechen!

Fühle mich, ganz ohne triftigen Grund,
schrecklich weh und irrsinnig wund!

Könnte die Badewanne mit Tränen vollweinen,
Sinn, mich zu trösten, hat es wirklich keinen.

Drum lasst mich, bitte, endlich in Ruh
und macht doch die Tür von draußen zu!

Christine Nöstlinger

weggemacht?

ihr habt alles weggemacht
was störend war
habt mich gebogen
gestutzt, poliert
mich in die vitrine gesperrt
habt mich meiner lebendigkeit beraubt
wolltet mich aufrecht und gerade
stark, zuverlässig, zuvorkommend
fleißig, sportlich, musikalisch
ganz nach eurem geschmack –
war ich traurig
habt ihr meine trauer weggemacht
war ich zornig
habt ihr meinen zorn weggemacht
war ich wild
habt ihr mich in meine schranken verwiesen
irgendwann bin ich erstarrt –
habe alles geschehen lassen
ohne leben …

Julia Wohlers

Ich kann euch nur noch hassen

ICH KANN EUCH NUR NOCH HASSEN,
ICH FINDE EUCH GEMEIN,
ICH WERDE EUCH VERLASSEN,
DANN SEID IHR GANZ ALLEIN.

Frantz Wittkamp

Vom Sterben

Manche sterben durch Unfall.
Manche sterben durch Krankheit.
Manche sterben durch Gewalt.
Manche sterben an Altersschwäche.
Manche sterben durch ihre eigene Hand.

Viele sterben an Lieblosigkeit –
das ist der schlimmste Tod,
weil man danach noch weiter lebt.

Kristiane Allert-Wybranietz

Unsichtbar

Unsichtbar.
Es ist Pause
Ich gehe über den Schulhof
Sehe die Bälle und Seilchen
Die Anderen lachen
Ich nicht
Mit mir spielt niemand

Unterricht
Ich schaue aus dem Fenster
Beobachte die Vögel
Die Anderen tuscheln
Ich nicht
Neben mir sitzt niemand

Sport
Ich hocke auf dem Boden
Betrachtete die bunten Schärpen
Die Anderen rennen dem Ball hinterher
Ich nicht
Mich hat niemand ins Team gewählt

Im Bus
Ich sitze auf meinem Platz
Lese ein Buch
Die anderen toben und kichern
Ich nicht
Mit mir redet niemand

Zuhause
Ich liege auf dem Bett
Schreibe an meinem Buch
Die Anderen denken ich bin einsam.
Ich nicht
In den Wörtern und Sätzen
auf dem Papier
Treffe ich Freunde
Sie kommen mich besuchen
Sie sprechen mit mir
Sie lachen mit mir
Sie sind genau wie ich
Unsichtbar.

Julia Jasper

Ich und alles

◉ Bin ich wer? Wer ich bin

✽ Was mir wichtig ist

 Alle Tage – Alltagssachen

ICH

Ich stehe
manchmal
neben mir
und sage
freundlich
DU zu mir
und sag
DU bist
ein Exemplar
wie keines
jemals
vor dir war
DU bist
der Stern
der Sterne
Das hör ich
nämlich gerne

Jürgen Spohn

Ich bin mein Haus

Ich bin mein Haus
in dem ich leb' von Anfang an
Ich bin mein Licht
das für mich scheint wenn ich's
nicht kann
Ich bin mein Boot
das kommt wenn ich
nicht schwimmen kann
Ich bin mein Buch
in dem ich les' ein Leben lang

Geht es einmal
geht's auch nochmal
geht es nochmal geht's auch von vorn
Was von vorn geht ist erst der Anfang
Wenn ich nicht anfang geh' ich
verlorn
Bin meine Zeit
die schneller läuft als ich es kann
Bin mein Problem
das in mir wohnt von Anfang an

Doch geht es einmal
geht's auch nochmal
geht es nochmal geht's auch von vorn
Was von vorn geht ist erst der Anfang
Wenn ich nich anfang geh' ich
verlorn

Ich bin mein Haus
bin mein Licht
Ich bin der Traum der zu mir spricht
Ich bin der Weg auf dem ich geh'
Ich bin die Frage die ich nie versteh'
Ich bin das Wort
das mich beschenkt, an das ich glaub
Bin wie der Fels
der ewig bleibt und dem ich trau'

Ich bin mein Haus
bin mein Licht
Ich bin der Traum der zu mir spricht
Ich bin der Weg auf dem ich geh'
Ich bin die Frage die ich nie versteh'

Ich bin mein Haus
bin mein Licht
Ich bin der Traum der zu mir spricht
Ich bin der Weg auf dem ich geh'
Ich bin die Frage die ich nie versteh'

Rosenstolz

my own song

ich will nicht sein
so wie ihr mich wollt
ich will nicht ihr sein
so wie ihr mich wollt
ich will nicht sein wie ihr
so wie ihr mich wollt
ich will nicht sein wie ihr seid
so wie ihr mich wollt
ich will nicht sein wie ihr sein wollt
so wie ihr mich wollt

nicht wie ihr mich wollt
wie ich sein will will ich sein
nicht wie ihr mich wollt
wie ich bin will ich sein
nicht wie ihr mich wollt
wie *ich* will ich sein
nicht wie ihr mich wollt
ich will *ich* sein
nicht wie ihr mich wollt will ich sein
ich will *sein*.

Ernst Jandl

Kinder

Große Augen – kleines Gesicht;
Großes Herz – kleiner Körper;
Große Phantasie – kleiner Kopf;
Große Neugier – kleine Hand;
Große Unschuld – kleiner Mund;
ACH, HÄTTE ICH DOCH NUR EINES BEHALTEN!

Mária Ács

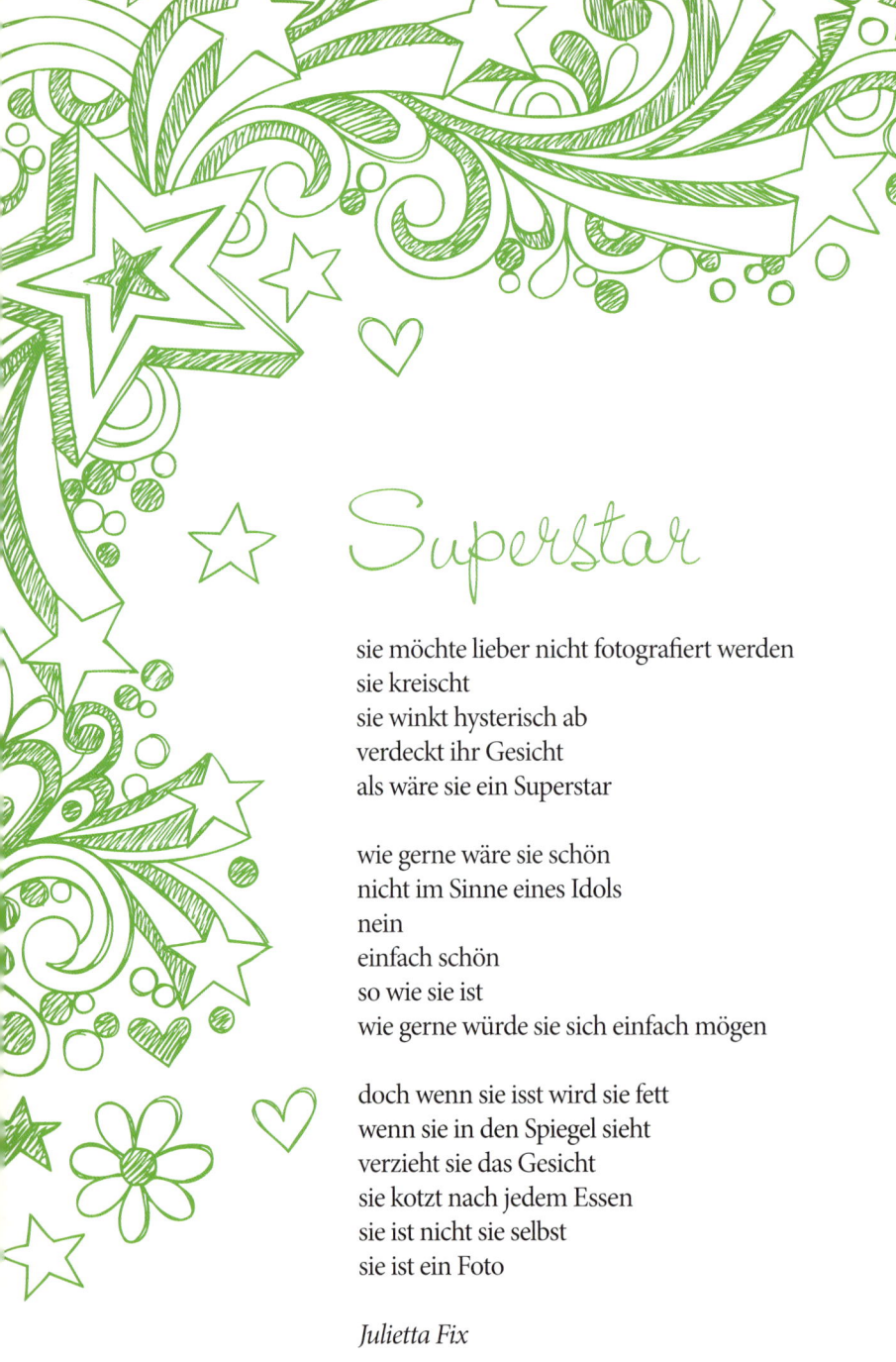

Superstar

sie möchte lieber nicht fotografiert werden
sie kreischt
sie winkt hysterisch ab
verdeckt ihr Gesicht
als wäre sie ein Superstar

wie gerne wäre sie schön
nicht im Sinne eines Idols
nein
einfach schön
so wie sie ist
wie gerne würde sie sich einfach mögen

doch wenn sie isst wird sie fett
wenn sie in den Spiegel sieht
verzieht sie das Gesicht
sie kotzt nach jedem Essen
sie ist nicht sie selbst
sie ist ein Foto

Julietta Fix

bewusst

bist dir deiner schwäche bewusst
dann ist es deine stärke
bist du dir deiner grenzen bewusst
dann ist es deine unendlichkeit
bist dir deiner liebe bewusst
dann ist es liebe
wie du es auch drehst und wendest

Christian Brune

Vielleicht

Vielleicht will ich frei sein …
Vielleicht nur dabei sein …
Vielleicht allein sein …
Vielleicht sein …
Vielleicht …

Tobias Seitz

An manchen Tagen

An manchen Tagen
gibts nur Fragen

Das muss man ertragen

Heinz Janisch

Mein ganzer Kopf ist völlig leer

Mein ganzer Kopf ist völlig leer.
Stockfinster, tiefe Nacht.
Kein Schimmer von Gedanken mehr.
Vollkommen leergedacht.

Frantz Wittkamp

Theorie und Praxis

Eines Tages werde ich vielleicht
alle Weisheiten dieser Welt
aufgeschrieben haben –

werde aufstehen
und wieder
in eine Dummheit rennen.

Kristiane Allert-Wybranietz

Moral

Es gibt nichts Gutes,
außer: man tut es!

Erich Kästner

Danke

Manchmal muss man danke sagen.
Nicht erst morgen. Jetzt sofort.
Auch an Sonn- und Feiertagen.
Danke ist ein schönes Wort.

Frantz Wittkamp

Erinnerung

Willst du immer weiter schweifen?
Sieh, das Gute liegt so nah.
Lerne nur das Glück ergreifen,
denn das Glück ist immer da.

Johann Wolfgang von Goethe

Nicht alles

Nicht alles
kann allen
ausschließlich
gefallen.

Frantz Wittkamp

Was mir wichtig ist

ICH HABE SOLCHE ANGST ZU STERBEN

Ich habe solche Angst
zu sterben.

Aber damit
verhindere ich nicht
meinen Tod –

sondern behindere mein Leben.

Kristiane Allert-Wybranietz

ANGST UND ZWEIFEL

Zweifle nicht
an dem
der dir sagt
er hat Angst

aber hab Angst
vor dem
der dir sagt
er kennt keinen Zweifel

Erich Fried

HEY MR. NAZI

Aha, hey MR. NAZI
ich muss da ein Wörtchen mit dir reden, bitte hör mir zu

Sieh mich an, was siehst du in mir?
Nur einen kleinen Ausländer,
der so riecht wie ein Tier?
Ein dummer Schlitzauge, ein scheiß Reisfresser
Den man im besten Falle gleich einäschert

Bitte sag's mir, denn ich will wissen, was du denkst
Denn es ist mein Wille, dass du jetzt das Richtige erkennst
Ich stink nämlich gar nich', ich dusch mich jeden Tag
Mann würd' ich stinken, dann blitz ich doch bei den Mädels ab

Und nein, ich will auch nicht nur Reis fressen
Manchmal will ich auch 'ne Bockwurst ins Senfglas reinstecken
Und dann genüsslich verschlingen, das hättste nicht gedacht
Siehste, jetzt hab ich in deine Welt etwas Licht gebracht

Ich greif dich nicht an, ich reich dir die Hand
Bitte hör auf meine Worte, saug sie ein wie ein Schwamm
Denn es ist leicht zu sagen, Nazis raus
Doch jeder Mensch kann sich verändern, ich glaub Nazis auch
Und ich sag
Hey MR. NAZI komm auf meine Party
Ich stell dir meine Freunde vor
Das hier sind Juspé und Kati, Thorsten und Nefatih
Wir haben denselben Humor
Und wir sagen hey MR. NAZI komm auf meine Party,
ich zeig dir meine Kultur
Das hier sind Sushi und Technik, Mangas und Origami, ich kenn das seit meiner Geburt

Kennst du das Gefühl, wenn ein Mensch dich verletzt
Weil ein Mensch dich verlässt, obwohl du kämpfst bis zuletzt
Oder das Gefühl, wenn dir was Gutes passiert
und du für kurze Zeit die Sorgen um die Zukunft verlierst
Oder wenn du verliebt bist, ich brauch es nicht mal selbst zu sagen
Das Gefühl, als könntest du die ganze Welt umarmen
Ich weiß, du kennst es auch, wir sind nicht komplett verschieden

Doch du trittst auf den Mann ein und lässt ihn liegen
Und das Schlimmste daran, er war Familienvater und nun herrscht bei ihm zu Hause ein Riesendrama
Die Tochter versteht's nicht und fragt sich jeden Tag

Mama sag mir doch, warum ist denn
der Papa nicht mehr da?
Er hat aber versprochen, er kauft
mir neue Schwimmflügel und dass
wir Picknick machen gehen bei den
Windmühlen
Später wird sie verstehen, was das alles
heißt, doch jetzt steht sie nur da und
sieht, wie Mama weint

Hey MR.NAZI komm auf meine Party
Ich stell dir meine Freunde vor
Das hier sind Juspé und Kati, Thorsten
und Nefatih
Wir haben denselben Humor
Und wir sagen hey MR.NAZI komm
auf meine Party,
ich zeig dir meine Kultur
Das hier sind Sushi und Technik,
Mangas und Origami, ich kenn das
seit meiner Geburt

Es ist nicht leicht, sich mit Einsamkeit
herumzuschlagen
Jeder Mensch will doch
Gleichgesinnte um sich haben
Und ehe du dich versiehst, bist du im
Freundeskreis, in dem man mit dem
Finger auf andershäutige Leute zeigt
Und das kann schnell gehen, das ist
keine Lüge
Die meisten Menschen haben
irgendwo rassistische Züge
Ich seh rassistische Lehrer und
rassistische Hauptmänner und
rassistische Deutsche und rassistische
Ausländer

Und früher war ich selbst ein kleiner
Rassist und so was kommt von mir,
seht ihr jetzt, wie einfach das ist?
Ja ich weiß, ihr hört mich immer
sagen Japse hin und her, doch im
Grunde ist mir das scheißegal
Ich bin nur n' netter Kerl

Und jetzt verleih ich diesen Worten
meine Kraft und so leg ich heute alle
meine Vorurteile ab
Du sagst, ich seh das mit den Vorur-
teilen viel zu krass,
doch genau die sind der Ursprung für
Krieg und Hass

Und wir sagen
Hey MR.NAZI komm auf meine Party
Ich stell dir meine Freunde vor
Das hier sind Juspé und Kati, Thorsten
und Nefatih
Wir haben denselben Humor
Und wir sagen hey MR.NAZI komm
auf meine Party,
ich zeig dir meine Kultur
Das hier sind Sushi und Technik,
Mangas und Origami, ich kenn das
seit meiner Geburt

Blumio

Was mir wichtig ist

Bunte Tage, graue Tage

Bunte Tage, graue Tage,
dumme Tage, schlaue Tage,
dunkle Tage, lichte Tage,
alle sind Gedichtetage.

Frantz Wittkamp

Blöder Sonntag

Blöder Sonntag
Blöder Sonntag,
alle Leute hängen rum.
Nur eine Wolke geht hin und her,
und ich wünsch mir nichts mehr,
als dass Montag wär.

Blöder Sonntag,
Blöder Sonntag,
niemand ist am Telefon.
Nur eine Glocke geht hin und her,
und ich wünsch mir nichts mehr,
als dass Montag wär.

Blöder Sonntag,
Blöder Sonntag,
keiner kommt und schubst mich an.
Nur süße Sahne geht hin und her,
und ich wünsch mir nichts mehr,
als dass Montag wär.

Peter-T. Schulz

taschen

schau, meine vielen taschen.
in dieser hab ich ansichtskarten.

in dieser zwei uhren.
meine zeit und deine zeit.

in dieser einen würfel.
23 augen sehen mehr als zwei.

du kannst dir denken
was ich an brillen schleppe.

Ernst Jandl

Einen Hund wünsch ich mir

Einen Wedelschwanzhund
will ich haben.
Einen für mich ganz allein.
Ich werd immer mit ihm spielen
und mir wird nie mehr langweilig sein.

Einen Streichelschwanzhund
will ich haben.
Ob weiß oder schwarz, ist mir gleich.
Und ich werd immer,
immer für ihn sorgen,
gestern, heute und morgen.

Hans & Monique Hagen

Schwer erkältet

Husten, Schnupfen, Ohrenweh,
Gliederschmerzen bis zum Zeh.

Rote Nebel im Gehirn,
Haare kleben an der Stirn.

Honigbrot? Mich würgt's im Hals!
Heiße Milch? Das keinesfalls!

Meinetwegen, noch ein Schal.
Mir ist alles egal, mir ist alles egal.

Fiebermessen. Muss das sein?
Bitte. Achtunddreißig neun.

Mir ist kalt. Nein, mir ist heiß.
Gebt mir Decken. Oder Eis.

Walkman, Fernsehn, was zu lesen?
Auch schon witziger gewesen.

Ich leide, mir bleibt keine Wahl.
Mir ist alles egal, mir ist alles egal.

Nein, Besuche will ich nicht,
bloß niemand, der von draußen spricht.

Der Pulsschlag hämmert mir im Ohr
und alles kommt mir trostlos vor.

Inhalieren, Saft, Tabletten,
das hilft gar nichts, wolln wir wetten?

Hustentropfen ohne Zahl –
mir ist alles egal, mir ist alles egal.

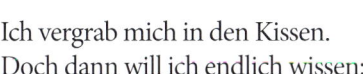

Ich vergrab mich in den Kissen.
Doch dann will ich endlich wissen:

Was ist das für eine Grippe?
(Wobei ich auf ostindisch tippe.)

Aber es ist offenbar
nur ein fiebriger Katarrh.

Jetzt kann ich nicht länger liegen.
Das ist ja zum Pickelkriegen!

Eine Woche krank im Bett
ist zur Abwechslung ganz nett.

Aber jetzt ist Schluss damit,
ich hab's satt, bin wieder fit.

Siebenunddreißig sieben nur –
kaum erhöhte Temperatur.

Noch drei Tage krankgeschrieben,
so lang wird zu Haus geblieben.

Danach, wiederhergestellt,
fühle ich mich wie ein Held.

Fieber, Schmerzen sind besiegt,
haben mich nicht kleingekriegt.

Ein Ka- hatschi! – tarrh, was ist das schon,
bei meiner Kondi- und Konstitution!

Irmela Brender

Schlummerlied

Jetzt mach ich die Augen zu.
Endlich hab ich meine Ruh.
Kann mir etwas träumen,
statt ständig aufzuräumen,
aufzupassen, Acht zu geben,
zuzuhören, anzustreben,
hinzulangen, loszulaufen,
mitzuhelfen, einzukaufen –
auf und hin und mit und zu,
jetzt hab ich meine Ruh.

Irmela Brender

Die anderen – geliebt und gehasst

★ Freundinnen und andere Freunde

⚡ Krise

☾ Family

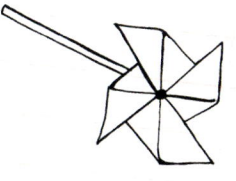

Keine ist wie du

du oder keine
keine ist wie du
du die eine
du die ich meine
du die meine
du oder keine

Peter Behncke

An eine Nervensäge

Mit deinen Problemen
heißt es
bist du
eine Nervensäge

Ich liebe die Spitze
und Schneide
von jedem Zahn
dieser Säge
und ihr blankes Sägeblatt
und auch ihren runden Griff

Erich Fried

Am liebsten mag ich dich

Ob Erdbeer- oder Himbeertorte,
ich liebe Kuchen, jede Sorte.
Ich mag auch gerne Bienenstich.
Am liebsten aber mag ich dich.

Frantz Wittkamp

Geschenke

Ich schenke dir
den Gedanken an einen Schmetterling,
aus der Wundertüte den Ring
und ein Lied, das ich dir morgen sing.

Du kriegst von mir
den Mittelteil aus einem Traum,
die Erinnerung an den Weihnachtsbaum
und ein bisschen Federkissenflaum.

Und noch dazu
von einer Wolke den goldenen Rand,
die Sehnsucht nach einem fernen Land
und das Geheimnis hinter der hohlen Wand.

Irmela Brender

Ohne dich

Ohne dich ist Wüstenland
ohne dich ist gar nichts schön
ohne dich ist abgebrannt
ohne dich verloren gehn

Ohne dich ein Tränental
ohne dich kein liebes Wort
ohne dich es war einmal
ohne dich für immer fort

Mit dir alles Zuckerzimt
mit dir gelbes Lachenland
mit dir leiser Morgenwind
mit dir geh ich Hand in Hand

Mit dir ist ein Wellenschlag
mit dir warm und weich und gut
mit dir immer Sommertag
mit dir hab ich Riesenmut

Jutta Richter

Mädels Tag

Als ich aufwache, liegst du neben mir.
Dein Haar riecht nach Lavendel.
Barfuß im Garten, frühstücken wir.
Ein perfekter Tag beginnt.

Die Sonne scheint, es riecht nach Sommer.
Der Urlaub scheint so nah.
Ich seh's schon vor mir, wir Zuspätkommer.
Die Zeit vergessen, die Zehen im Sand.

Der Morgen ist schnell verflogen.
Auf geht's in die Stadt.
Alles hätte ich verschoben.
Für heute, dich und mich.

Lass uns die Welt unsicher machen.
Lass uns shoppen gehen.
Auf jedem Foto lachen.
Du bist so wunderschön.

Nachts sind wir am Tanzen.
Als gäbe es kein Morgen mehr.
Machen tausend verrückte Sachen.
Als wenn es das Letzte wäre.

Die Sonne geht schon auf.
Nur noch wir beide sitzen hier.
Unsere Hände ineinander verschlungen.
Ich will dich nie verlieren.

Marie de Villier

Klatsch am Sonntagmorgen

Wer mit wem?
Die mit dem!
Der mit der?
(Ohne Gewähr)
Sie und er?
Der und er??
Wer ist wer?
Wir mit ihr?
Sie mit dir!
(Am Klavier)
Du mit ihm!
Sie mit ihm!
Ich und du?
Who is who?

Horst Bienek

Der HDL-Song

Heut muss ich dir mal was sagen, was ich echt nicht gerne tu.
Ich fühl mich mental geschlagen und der Grund dafür bist du.
Oder vielmehr deine Sprache, oder was du Sprache nennst,
denn ich frag mich, bitte lach nich, ob du auch ganze Sätze kennst.
Wenn ich etwas witzig finde, nenn ich's »lustig« oder »toll«,
doch mein Verlegenheitsgegrinse kommentierst du nur mit *lol*.
Deine »Kirschlein« haben »Kernchen«, das ist reinster Bildungsmord.
Und ein *gg*, bei aller Liebe, ist kein Wort.

Jede E-Mail, jeder Letter von dir ist für mich 'ne Qual,
doch was du kannst, kann ich much better und das nicht nur nonverbal.
Ich habe mich mal schlau gemacht und habe nächtelang trainiert.
Heute zieh ich in die Schlacht, ich weiß schon, wer verliert ...

Ich sag nur:
HDGDLFIUEBAED, wie, das kannst du nicht verstehen?
Tja, dann kauf dir noch ein »W«.
»Freu mich, dich wiederzusehen!«, das sagst du, so wie man es spricht.
Ich sag »CYA!« in dein sprachloses Gesicht.

Du, deine Smileys sind echt klasse, ich weiß bloß nie, was du meinst.
Und wenn ich eines wirklich hasse, dann dein Chatting-Einmaleins.
Beginnt mit »A«, wie *Achselzuck*, soll heißen: »Ich weiß nicht Bescheid«.
Hört auf mit »Z«, wie *Zornig-Guck*, ich übersetz das mal mit »Neid«.
Willst du dich bei wem bedanken, machst du höflich einen Knicks.
Ich steh jenseits dieser Schranken und sag lässig: »THX!«.
Soll was unterschwellig klingen, leit ich's ein mit »BTW«.
Und fängst du lautstark an zu singen, klarer Fall für »OMG!«.

Ich schlag dich mit deinen Waffen und die sind noch nicht entschärft,
doch ich seh' an deiner straffen Mimik: Du bist echt genervt.
Ich hab den Bogen langsam raus, ich find mich super, was sagst du?
Denn seit Tagen seh' ich dich nur noch als »off« im ICQ.

Ich sag nur:
HDGDLFIUEBAED, wie, das kannst du nicht verstehen?
Tja, dann kauf dir noch ein »W«.
Bevor wir zu Bette gehen und ein neuer Tag anbricht,
sag ich: »GN8, SG!«, und dann lösche ich das Licht.

HDL – Ist dir ein ganzer Satz zu schwer, oder kennst du's gar nicht mehr?
HDL – Wer in Abkürzungen wühlt, bleibt gefühlstechnisch unterkühlt!
HDL – Ja ja, du, nee is klar und meine Antwort: IDA.
HDL – Ja mei, da blättert doch der Lack, dein *rofln* geht mir auf den ****.

HDGDLFIUEBAED, wie, das kannst du nicht verstehn?
Tja, dann hast du wohl »KP«!
HDGDLFIUEBAED, I hope you have verstanden, worin ich die trouble seh'.
HDGDLFIUEBAED, für mein Feedback: gern geschehen oder wie du sagst: »NP«.
HDGDLFIUEBAED: Ich werd dir auch noch verraten, wofür dieses Kürzel steht.
HDGDLFIUEBAED: Hilf deinem Gehirn: Dauerhaftes *lolen* führt im Unterbewusstsein
eine Beschädigung am Einfühlungsvermögen durch.
Vielleicht.

Jasper

Ich will dich heut nicht sehen

Ich will dich heut nicht sehen
und sag dir ins Gesicht:
Ich will dich heut nicht sehen.
Ich mag dich heute nicht.

Ich kann dich heut nicht riechen,
du machst dich nicht beliebt.
Mach bitte eine Fliege,
bevor es Ärger gibt.

Ich möchte heut allein sein
und sag dir ins Gesicht:
Ich hab heut schlechte Laune
und mag mich selber nicht.

Ich will dich heut nicht sehen.
Ich weiß, das klingt gemein.
Doch ich kann heute leider nicht
auf Knopfdruck lustig sein.

Hast du mal schlechte Laune,
dann kann ich dich verstehn.
Und spätestens heut Abend
möchte ich dich wiedersehn.

Bernhard Lins

Scheinfreundschaft

Du bist gekommen
und wir legten unsere
Freundschaften zusammen.

Du stecktest meine ein
wie einen Geldschein.

Unsere Freundschaft –
ein Gutschein,
den du hervor holst,
wenn du etwas willst?
Sonst nichts?

Ab heute
bleibt mein Schalter
geschlossen!

Kristiane Allert-Wybranietz

He Freund!

He Freund, hab dich versetzt!
War da, nur nicht für dich.
War noch nicht mal ehrlich.
He Freund, hab dich verletzt!

He Freund, war nicht mehr ich.
Hatte Angst allein zu sein.
War blind vor Trug und Schein.
Wollte Liebe – lieben inniglich!

He Freund, hab mich verschätzt!
War außen glücklich, unehrlich innen.
Sah nur noch sie, anderes entrinnen.
He Freund, hab dich verletzt!

He Freund, hab vieles versaut!
Freundschaft, Liebe, Ehrlichkeit.
Träume, Ziele, Sicherheit.
Hab ich alles sofort anvertraut.

He Freund, steh wieder am Beginn!
Liebe, Freundschaft, Leben.
Muss sich alles neu ergeben.
He Freund, such wieder nach dem Sinn!